1586

N° 40.113
Prof. A. Lustig
3 vol. pour 1.100 NF
18-10-60

Say I. 242

LES
APHRODITES
OU
FRAGMENS
THALI-PRIAPIQUES.

Enfer
1583

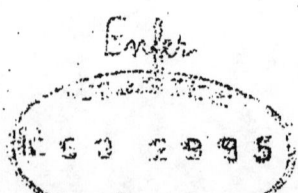

LES APHRODITES

OU

FRAGMENS THALI-PRIAPIQUES,

POUR

SERVIR A L'HISTOIRE DU PLAISIR.

... Priape, soutiens mon haleine...
PIRON, *Od.*

N°. 1.

A LAMPSAQUE.

1793.

FRAGMENS.

I.	C'EST TOI? --- C'EST MOI.	Page 5
II.	TANT PIS: --- TANT MIEUX.	17
III.	A BON CHAT: --- BON RAT.	40
IV.	VIVE LE VIN: --- VIVE L'AMOUR.	61

PRÉAMBULE NÉCESSAIRE.

L'Ordre ou la *Fraternité des* APHRODITES, *aussi nommés* MOROSOPHES (*), *se forma dès la Régence du fameux* PHILIPPE D'ORLÉANS, *tout ensemble homme d'Etat & homme de plaisir; au surplus bien différent de son arrière-petit fils, qui s'est aussi fait une réputation dans l'une & l'autre carrière.*

Soit qu'un inviolable secret eût constamment garanti les anciens Aphrodites de l'animadversion de l'autorité-publique (si sévère comme on sait, contre le libertinage porté à certains excès); soit que dans le nombre de ces fidèles Associés, il y en eût plusieurs d'assez puissans pour rendre vaine la rigueur des Loix qui auraient pu les disperser & les punir, jamais, avant la Révolution, leur Société n'avait souffert d'échec de quelque conséquence; mais ce récent événement a frappé plus des trois quarts des

---

(*) De deux mots grecs, dont l'un signifie *Folie*, & l'autre, *Sagesse*. Ainsi les Morosophes sont des gens dont la sagesse est d'être foux à leur manière. — *Insanire juvat.*

A

PRÉAMBULE

Freres & Sœurs ; les plus solides colonnes de l'Ordre ont été brisées ; le local même, qui était dans Paris, a été abandonné.

Des débris de l'ancienne Institution, s'est formée celle dont ces feuilles donneront une idée. On y verra se développer progressivement le lubrique système & les capricieuses habitudes des Aphrodites, gens fort répréhensibles peut-être, mais qui du moins ne sont pas dangereux ; & qui, fort contens de leur Constitution, ne songent nullement à constituer l'Univers.

Ci-devant il n'y avait pas eu d'exemple qu'un seul statut, un seul usage des Aphrodites eût été divulgué ; mais quand un nouvel ordre de choses existe ; quand mille petites récréations (criminelles du tems de l'ancien régime) comme la calomnie, les délations, les exécutions impromptu &c. sont sinon encouragées, du moins tolérées, qu'ont à craindre de se livrer sans beaucoup de mystère aux leurs, des citoyens infiniment actifs, qui, d'accord avec la Nation, reconnaissent la Liberté, l'Egalité pour bases de leur bonheur ; qui, comme elle, méprisent toute distinction de naissance, de rang & de fortune ; qui savent tirer la vraie quintessence des droits de l'Homme, si heureusement dévoilés de nos jours ; & ne font rien, en un mot, qui n'ait pour but la paix, l'union, la concorde, *suivies (surtout pour eux) du* calme & de la tranquillité ?

C'est au peu d'intérêt qu'ont les Aphrodites modernes à cacher ce qui se passe dans leur Sanctuaire, que nous devons les Scènes fidelles dont sera composé ce joyeux Recueil.

NOTE DE L'ÉDITEUR.

— Au trait, au coloris de ces Tableaux, & surtout à certains mots neufs (tels nommément que *Boutejoye*), on a cru reconnaître l'Auteur des *Aphrodites* pour le même à qui l'on doit le *Doctorat Impromptu*, la *Matinée Libertine*, le *Diable au corps*, & d'autres folies du même genre. — Du moins, si ces Fragmens font d'un Imitateur, on peut assurer qu'il a parfaitement saisi la manière du Modèle.

LES APHRODITES.

C'EST TOI? — C'EST MOI.

PREMIER FRAGMENT.

Le Chevalier (*a*) à peu de distance de Paris, à cheval & seul, reconnaît un local à portée duquel il se trouve, pour celui que lui

---

(*a*) 1º. Le Mélange du Dialogue au récit nous a paru plus propre que l'un ou l'autre exclusivement, à peindre dans ce genre-ci. — 2º. Comme le simple nom d'un personnage qu'on introduit sur la Scène, n'apprend rien au Lecteur ; afin que l'imagination n'ait aucune peine & ne se mette point en fraix de fausses idées, nous définirons exactement chaque Acteur au moment où il sera fait mention de lui. — En conséquence : LE CHEVALIER — 20 ans : charmant jeune homme fait à ravir. Une de ces physionomies si rares qui allient à la noblesse, la douceur, l'expression & la vivacité. — Il revient de Malthe, ayant fait ses caravanes : absent de France depuis quelques années, il a tout le *savoir-vivre*, toute la candeur dont ses pareils, surtout ceux de la défunte Cour, ont eu, depuis ce tems à peu-près, l'affectation de se dispenser.

déſigne une adreſſe qu'il vient de relire. — Alors, il met pied à terre, laiſſe ſon cheval au domeſtique, ſe détourne & (ſuivant un ſentier ainſi que le tout lui eſt preſcrit) vient contre une Maiſon de peu d'apparence, des deux côtés de laquelle s'étendent de longues murailles qui annoncent un vaſte emplacement. — Il frappe : un Portier aveugle vient lui répondre.

LE PORTIER, *en dedans, & porte cloſe.*

A qui en voulez-vous ?

LE CHEVALIER (*en dehors*).

A Madame Durut.

LE PORTIER.

C'eſt ici. — Etes-vous ſeul ? à pied ? à cheval ? en voiture ?

LE CHEVALIER.

Je ſuis ſeul. Mes chevaux m'attendent plus loin ; je ſuis à pied.

LE PORTIER, *ouvrant.*

C'eſt bon. — Entrez. — (*Le Chevalier entre : la porte ſe referme auſſitôt. Une grille borne le paſſage du côté de la Cour.*) — On va vous ouvrir la grille. Il eſt inutile de parler à l'autre Portier : ſourd, il ne vous entendrait pas ; muet, il ne pourrait vous répondre. Vous irez à droite, le long du portique, juſqu'à l'angle de la cour. — (*Le Sourd, qui a vu le Chevalier, vient ouvrir la grille. Dès qu'il a passé, cet homme referme. Tandis que le Chevalier va du côté qu'on lui a indiqué* (a), *on entend un coup de sifflet très bruyant.*

MAD. DURUT. (b)

(*Avertie par le sifflet, déjà sur sa porte, & ouvrant les bras avec une surprise mêlée de plaisir.*) — Jour de Dieu ! Qui s'y serait attendue ! Te voilà donc de retour, mon beau

---

(a) Cette combinaison de deux Portiers dont chacun est privé d'un sens fort nécessaire, fut imaginée par les anciens Aphrodites, & les vieux serviteurs ont été conservés. La plupart des choses qu'on voudrait tenir secretes sont ébruitées par les valets, s'il y en a dans la confidence. Comment pourrait-il transpirer au dehors que *Madame une telle, Monsieur un tel sont venus*; si, de deux personnes nécessaires à leur introduction, la première ne voit point, & si la seconde, fixée dans l'intérieur, ne peut recevoir, ni faire aucun rapport!

(b) MAD. DURUT. 36. ans. — Brune-blanche, dodue, irrégulièrement jolie, très-bien conservée & fort piquante encore. — Fille d'une femme-de-charge, elle fut nourrie dans la Maison du pere du Chevalier. Non-seulement elle a soigné l'enfance de celui-ci, mais elle s'est faite son *Précepteur d'Amour*, & quand il a eu seize ans, elle lui a ravi ses désirables prémices. — Mad. Durut est bonne, vive, étonnamment active, non moins intrigante, & dominée par un indomptable tempérament qui a décidé de sa vocation quand elle a brigué le pénible, mais amusant & lucratif emploi de Concierge de l'hospice des *Aphrodites*.

bijou ? Est-ce bien toi, mon fils ? — (*Ils se font joints & s'embrassent avec la plus vive amitié.*)

LE CHEVALIER.

Oui, Maman, arrivé d'hier soir, & bien pressé de vous revoir.

MAD. DURUT.

Ah ! point de *vous* ; je t'en prie. — Comme le voilà grand & beau, ce cher enfant ! — (*le prenant par la main*) Viens, viens, mon Toutou. (*elle lui fait traverser la cour & le conduit à un pavillon du meilleur style.*) Sais-tu bien qu'il y a quatre mortelles années que je n'ai vu mon cher Alfonse, ni reçu de lui la moindre nouvelle ?

LE CHEVALIER.

Tout autant, je l'avoue : mais il n'y a pas eu de ma faute, je te le jure... — (*Il s'est interrompu, frappé de l'élégance & du bon goût d'un appartement qu'on lui fait traverser pour l'amener enfin à un délicieux boudoir.*) — Mais, dis-moi, ma Bonne, as-tu fait fortune depuis mon départ ? Ce séjour diffère étrangement du modeste hôtel-garni que tu tenais il y a quatre ans !

MAD. DURUT, *souriant.*

Il s'est fait quelque heureux changement dans mes petites affaires : nous aurons tout le tems d'en causer ensemble. — (*lui sautant au cou,*) Mais comme il a tourné ce polisson-là ! — Eh bien ? N'avais-je pas raison de dire à ton imbécille de Pere... Oh, mais, ce n'est pas ce grand dadais-là qui t'a fait : je l'ai toujours soutenu à ta Maman.

LE CHEVALIER.

Ne va pas m'apprendre qu'elle ait pu en convenir. (*il l'embrasse*)

MAD. DURUT.

Je leur soutenais donc quand ils se plaignaient de ta figure, longtems équivoque, que tu serais un jour le plus joli Cavalier de Paris... — C'est pourtant moi, Fanfan, qui ai la gloire de t'avoir mis dans le monde ? Ce fut moi qui t'appris.... Hein ? tu souris, fripon !

LE CHEVALIER, *la caressant.*

Cette gloire est bien peu de chose pour toi, ma chère Durut : c'est à moi de m'en orgueillir d'avoir eu, en fait de galanterie, le plus admirable Précepteur.

MAD. DURUT, *le prenant dans ses bras.*)

— Ce cher enfant ! Qui ne l'aimerait à la folie !

LE CHEVALIER.

Je suis venu tout exprès, Maman, pour me faire redire que tu m'aimes toujours un peu.

MAD. DURUT.

Un peu, petit ingrat ! Que ne peut-on.... sans se donner un complet ridicule, te prouver à quel point on t'aimerait encore! — Mais parlons d'autres choses.

LE CHEVALIER, *avec feu.*

Non, non, chère Agathe.

MAD. DURUT, *lui serrant la main.*

Bon cela : tu viens de me rajeunir de dix ans en me donnant mon nom de fille. — (*elle soupire*) Ah, le bon tems, mon cœur!

LE CHEVALIER. (a)

Je vais te le rappeller encore mieux. (*Il la renverse en même tems sur un meuble propice & la trousse, mettant lui-même en évidence le plus séduisant Boutejoie.*

MAD. DURUT, *à la vue de cet objet.*

— Bonté divine! Que vois-je là! Mais, mais, mon bel Ange! voilà de quoi.... Un moment : laisse-moi le contempler à mon aise.... Je ne puis en croire mes yeux!.... Quoi! c'est là ce ci-devant Joujou-de-poupée... qui pourtant me donnait tant de plaisir!... La voilà, cette petite *Broquette*, dont j'ai fait l'éducation! Ceci tient du miracle! (*Le Chevalier, par modestie, veut couper court à cet éloge, & occuper plus agréablement encore la bonne Du-*

_____

(a) Messieurs les Roués pourront se moquer de cet attendrissement de la part d'un agréable de 20 ans pour une femme de 36? mais patience : on verra qu'*un bienfait* (comme dit la vieille chanson) *fait toujours un bon effet.*

vut.) — Attends, attends, mon Fils, que je me prosterne, que je l'adore. — (*Elle tombe à genoux avec une visible ferveur, & couvrant de baisers le brûlant objet de son culte, elle continue :*) — Modèle & Roi des V...s (*a*), puissé-je faire ta fortune comme tu fis, & vas faire encore ma félicité. — (*Elle se releve & se poste savamment. Le Chevalier l'init avec toute l'ardeur & la grace imaginables. — Après un court silence, Mad. Durut sentant les approches du suprême bonheur, se livre au transport &, s'agitant à l'avenant, s'écrie :*) = F......, ! c'est trop de plaisir, il f... comme un Dieu. (*b*)

(*a*) On s'engage avec le Lecteur à lui épargner dans le *récit* toute expression incongruë ; mais on ne peut lui promettre de faire parler un acteur autrement que le comporte, soit son éducation, soit le délire dans lequel une situation violente peut le jetter. Mad. Durut, par exemple, n'est pas femme à user de périphrases, &, dans un emportement de colère ou de joie, elle lâche fort bien un F...., un B....., ou nomme quelque chose d'indécent par son véritable & vilain nom.

(*b*) Voilà un de ces traits malheureux pour lesquels le Rédacteur lui-même n'a pas moins d'aversion que le Lecteur. Mais comment se résoudre à défigurer le caractère prononcé d'une femme qu'on verra continuellement sur la Scène ! Après tout, ceux qui liront ces feuilles verront bien qu'elles ne sont ni des Sermons ni des Pieces académiques.

═ Elle baise, elle mord. Le Chevalier est tout-à-fait à son unisson. Quelques instans ont suffi à cette brusque jouissance. La voluptueuse Durut frissonnant, les yeux égarés, les dents serrées, tombe dans une espece de léthargie. — Bientôt le Chevalier, alarmé de cet état, se dispose à chercher autour de lui de quoi la secourir; au premier mouvement qu'il fait pour se dégager, il se sent arrêté par les revers de son frac, & de la sorte averti que son extatique championne n'a pas tout-à-fait perdu connaissance. Pour lors, il devine qu'un *Service* de plus ne pourra manquer de très-bien faire. Il recommence donc à se mouvoir, d'abord insensiblement, peu-à-peu d'un meilleur train, auquel l'intelligente Durut se conforme à merveille. L'action va toujours se précipitant par degrés jusqu'à la dernière vivacité. — Près de la sublime crise, ils paraissent hors d'eux. Mad. Durut devient presque furieuse, & faisant d'étonnants *haut-le-corps*, dit de ces folies que le récit ne peut que réfroidir : on les supprime pour passer à la suite de leur entretien.

Le Chevalier, *se rajustant.*

On est bien aimable, ma chère Agathe, quand on sent & jouit comme toi! sais-tu qu'on irait au bout du monde pour trouver des femmes aussi bien inspirées, aussi con-

naisseuses en voluptés, aussi habiles à goûter
& à faire goûter le plaisir!

MAD. DURUT.

J'ai pourtant, comme tu vois, mes petits trente-six ans bien comptés, dont, graces à Dieu, vingt campagnes.

LE CHEVALIER.

Tu peux citer avec orgueil & ton âge & tes prouesses.

MAD. DURUT.

Tout de bon, les hommes me gâtent un peu. La plupart de ceux qui viennent ici, voudraient m'*avoir*, si j'en avais le tems, & me soutiennent que nombre de nos fringantes voudraient bien valoir à vingt ans ce que je vaux encore. — Ma gorge, par exemple! — (*Elle la découvre:*) tu n'as pas eu le loisir d'y faire attention. Nous venons de nous harponner si brusquement! Une reconnaissance a quelque chose de si vif! mais, tiens, examine maintenant. — (*elle montre en entier ses Tetons.*) Vois-tu? Ces Messieurs-là ne sont-ils pas toujours à la même place où tu les vis, il a bien cinq ans pour la premiere fois?

LE CHEVALIER, *les baisant.*

Toujours divins.

MAD. DURUT.

Sont-ils étayés? ont-ils fait la paix?

LE CHEVALIER, *les maniant.*

C'est toujours la plus belle contenance & la plus opiniâtre bouderie...

MAD. DURUT, *changeant de posture.*

Et ce cu superbe, que tu trouvais tant de plaisir à caresser... (*Elle le met en évidence.*) Le premier cu, je crois, que tu aies vu de ta vie ?

LE CHEVALIER, *le caressant.*

Et le plus attrayant que j'aie jamais rencontré.

MAD. DURUT.

Eh bien ! touche, manie. — A-t-il rien perdu de ses belles formes ? de son poli ? de son élasticité ?

LE CHEVALIER.

Adorable. — Mais ne me le fais pas admirer trop. Songe que je reviens d'Italie & que....

MAD. DURUT, *sans se déranger.*

Ah parbleu tu me la donnes belle ! Eh, quand tu ne serais pas sorti de Paris ! serais-je étonnée de te voir un caprice pour ces Princesses-là. Va, va, mon cher, elles en ont affriandé bien d'autres....

LE CHEVALIER.

Et je n'en aurais pas l'étrenne sans doute ?

MAD. DURUT.

Que tu es enfant avec ta question ! — Quand le cœur t'en dira, mon Fils : mais, pour aujourd'hui, c'eſt aſſez. J'ai ſur toi des vues qui me preſcrivent de te ménager. — (*On entend trois coups de ſifflets très-vifs.*) — Pour le coup il faut que je te quitte.

LE CHEVALIER.

Que vais-je devenir ?

MAD. DURUT, *ſonne & ouvre une porte déguiſée.*

Paſſe-là dedans. — Tu trouveras du chocolat (*a*), & quelqu'un dont tu as beſoin : on aura ſoin de toi. Nous dînons enſemble ? Songe que tu es mon priſonnier pour tout le jour. Sans adieu. — (*Elle ſort.*)

⸺ Tout en parlant, avant de ſe retirer, Mad. Durut a rajuſté les couſſins de l'ottomane, & réparé ſon propre déſordre. — Paſſant dans le Cabinet indiqué, le Chevalier y trouve une Négrillonne de 14 à 15 ans qui, l'aiguière à la main, ſe préſente ſans façons pour le purifier. Elle le lave, & l'eſſuye avec un linge de coton des Indes. Auſſitôt que cette toilette (qui ne laiſſe pas de raviver le Chevalier) eſt achevée, un Adoleſcent de la plus jolie figure, habillé en Joquey, paraît avec du chocolat, ce qui ſauve la Petite d'une attaque que l'ardent Chevalier méditait déjà de lui faire ; car en même tems elle a diſpa-

---

(*a*) *Il n'eſt alors qu'onze heures du matin.*

ru, souriant avec espièglerie. — Il se console de cette petite disgrace en prenant une tasse de ce chocolat parfumé qu'on ne peut nommer *de santé* dans l'acception ordinaire. — Ensuite il sort avec le Joquey, qui lui dit avoir ordre de Mad. Durut de lui faire voir les jardins de cette habitation singulière.

———

TANT

TANT PIS: — TANT MIEUX.

SECOND FRAGMENT.

La Scène est au pavillon des Bains.

LA DUCHESSE (*a*), MADAME DURUT.

La Duchesse,

(*Dans le déshabillé le plus négligé, mais le plus coquet, & avec beaucoup d'agitation.*) — Je vous avoue, ma chère Durut, que

---

(*a*) La Duchesse de l'Enginière : très-grande femme, proportions fortes sans épaisseur & sans mollesse. Traits & caractère de Junon. Grands airs, principes hardis, conduite imprudente. — Belle peau, belles dents, superbes cheveux châtains-bruns. — Tempérament moins ardent qu'exigeant & capricieux. En tout, une femme infiniment agréable pour ses favoris & pour les femmes dont le goût est de s'écrire sur la liste des amans ; mais peu goûtée des hommes qu'elle traite moins bien, & cordialement détestée de tout le reste de son sexe. — L'âge ? — à peu-près 23 ans, dont on avoue 19.

B

vous m'étonnez à l'excès en m'apprenant que le Comte n'est point encore arrivé !

MAD. DURUT.

D'après son billet d'hier, Mad. la Duchesse, il devrait être ici depuis une heure.

LA DUCHESSE.

Et...., au défaut de sa présence, pas un mot aujourd'hui ! je ne suis pas une femme ridicule ; je conçois qu'on peut être retardé, tout-à-fait empêché même par quelque fâcheux contretems, mais, du moins, on a des égards, on fait faire un message, & l'on n'expose pas une femme de ma sorte à se trouver au dépourvu pendant peut-être tout un jour.

MAD. DURUT.

Ici, Madame, vous ne devez pas avoir cette crainte.

LA DUCHESSE.

A la bonne heure ; mais je pouvais consacrer cette journée à des.... occupations qui, certes, m'auraient bien valu ce qu'à le mettre au plus haut prix, M. le Comte pourra me procurer d'agrément.

MAD. DURUT.

Que voulez-vous que je vous dise, Madame ! — Il est galant-homme, & je lui connais pour vous des sentimens.....

LA DUCHESSE, *avec feu.*

Oh, je suis bien la très-humble servante

de fes fentimens ; on ne me paye point avec
cette monnoie. Je veux du plus folide. — Il
y a quelque chofe là-deffous, ma bonne, ceci
m'a tout l'air d'un *ton*, & je le trouverais
très-mauvais, je vous jure. (*Elle a changé
dix fois de place pendant cette converfation :
elle fecoue fa badine avec plus que de l'humeur*).
— Vite, un de vos gens à cheval ; qu'on
coure chez le Comte ; qu'on y prenne langue ; fi l'on ne peut me le trouver fur le
champ, qu'il foit lancé tout le jour de place
en place, autant qu'on pourra fe mettre au
fait de fa marche, & qu'enfin on me l'amene
mort ou vif.

MAD. DURUT.

Charmante vivacité ! Qu'il eft heureux, ce
cher Comte, d'exciter une auffi flatteufe in-
quiétude !

LA DUCHESSE, *brufquement*.

Treve aux flatteries : je ne fuis pas de la
meilleure humeur... &...

MAD. DURUT, *interrompant*.

Là là, Mad. la Duchesse, épargnez-moi.
Il est agréable de vous louer, mais on peut,
fans effort, vous obéir, quand vous exigez
qu'on ménage votre modeftie.

LA DUCHESSE, *allant & venant*.

M. le Comte, M. le Comte !... (*à Mad.
Durut*) Mais, vous m'avez entendue, & vous
êtes encore là ! allez donc, ordonnez donc :

on veut me faire devenir folle aujourd'hui !
— En vérité, Mad. Durut, vous faites très-
mal, je dis très-mal le devoir du poste que
vous occupez ici.

━ Mad. Durut qui, par malice, ne s'était
point pressée, va enfin servir l'impatience
de cette femme altiere, mais en s'éloignant,
elle fait une mine d'irrévérence & presque de
mépris, que par bonheur la Duchesse, occupée de se regarder dans une glace, ne peut ap-
percevoir.

LA DUCHESSE,
(*Seule, toujours agitée, s'assied, se leve, fré-
donne un air, soupire avec oppression, & tire
enfin avec vivacité le cordon d'une sonnette.* —
Un Joquey paraît.)
LE JOQUEY. (*a*)
Qu'y a-t-il pour le service de Madame ?
LA DUCHESSE, *avec colère.*
Ce qu'il y a pour mon service ! — Un bain.

(*a*) Le Joquey. — Ebauche d'un joli subalterne :
timidité ; petits moyens. — Chez Mad. Durut, qui-
conque fait le service domestique, est tenu à d'autres complaisances encore. On en avertit une fois
pour toutes le Lecteur, afin qu'il accorde à ces êtres
en sous-ordre un peu d'intérêt.

& une autre que toi pour m'y servir. — La Durut. — Qu'elle rentre, & me parle à l'instant. — (*Seule*) Oh! tout ceci va mal; l'établissement dégénere à faire pitié.

———

MAD. DURUT, *accourant*.

Me voici. — On va partir. Votre Comte se retrouvera sans doute; — Mais, pour Dieu, Mad. la Duchesse, un peu de sang-froid? Et ne tourmentez pas à propos de rien des gens qui vous sont dévoués de toute leur ame. — Voilà mon pauvre Loulou (*a*) que vous avez rudoyé, je gage, & qui s'en va le cœur gros, versant des larmes.

LA DUCHESSE.

Ah, c'est que j'ai sur le cœur aussi sa bêtise de l'autre jour.

MAD. DURUT.

Qu'a-t-il donc fait?

LA DUCHESSE.

L'animal me sert aux bains, tremble com-

———

(*a*) Mad. Durut prend à ce Loulou un intérêt particulier, &, le gardant pour elle jusqu'à nouvel ordre, elle n'a garde de s'offenser des reproches que va lui faire la Duchesse d'avoir un balourd qui ne devine pas les caprices des belles Dames, à demi-mot.

me fi j'étais apparemment un tigre, un crocodile ? Je daigne lui faire nombre de queſtions ; il ne ſait y répondre. J'ai un caprice, il ne ſait le deviner ; je le lui explique aux trois quarts, il ne comprend rien ! Et mon butor me quitte après mes avances humiliantes ! mais vous ne ſavez pas, Mad. Durut, mettre à la porte des balourds de cette eſpèce !

MAD. DURUT.

C'eſt un bon petit diable : il a craint de vous offenſer !

LA DUCHESSE.

Eh morbleu ! que n'avez-vous plutôt des inſolents qu'on puiſſe ſouffletter pour ce qu'ils oſeraient de trop, que ces *timides inutiles* qui vous ſervent *ric-à-ric* avec un ſot reſpect ! (*Elle hauſſe les épaules*) Mon bain eſt-il commandé ?

MAD. DURUT.

Oui ſûrement.

LA DUCHESSE.

Je mangerai un morceau : des drogues, ce qui ſe trouvera ; &, comme me voilà déſorientée à crever de dépit, j'attendrai ici l'heure de la ſeconde pièce des Italiens.... — (*Le Joquey reparait pour avertir que le bain eſt prêt. — Comme la Ducheſſe marche du côté de la porte...*

MAD. DURUT,

(*Avec un peu de mystère l'arrête & lui dit à basse voix*). — Si Madame voulait permettre, je lui offrirais, pour aujourd'hui, le service d'un nouveau venu...

LA DUCHESSE.

De quelque sot encore ?

MAD. DURUT, *saluant.*

C'est mon neveu. — Il est fort neuf à la vérité ; peu au fait du service des bains ; j'ose cependant me flatter qu'il contenterait Madame.

LA DUCHESSE.

Cela a-t-il un peu de figure ? de tournure ?

MAD. DURUT, *souriant.*

Il n'est pas mal. — Au reste, il arrive de Province ce matin, & la fatigue du voyage fait un peu de tort à ses agrémens naturels... mais...

LA DUCHESSE, *avec impatience.*

En voilà dix fois trop. (*avec ironie*) Les agrémens naturels du Neveu de Mad. Durut ! voilà de l'intéressant au moins ! Pauvre petit enfant gâté ! M. votre Neveu, délicat personnage, a fait une longue route ? il est fatigué ? Eh bien, Mad. Durut, qu'il se délasse, & recouvre à loisir ses *agrémens naturels.*

MAD. DURUT.

Fort bien ! je n'avais garde d'interrompre

cette tirade d'orgueil & d'humeur d'une Dame de cour à qui l'on manque de parole...
LA DUCHESSE, *interrompant avec courroux.*

Si l'on me manque de parole, songez à ne pas me manquer de respect.

MAD. DURUT.

Ma foi, Madame la Duchesse, si nous voulions, le Décret du 19 Juin nous dispenserait de bien de formes (*a*). — Mais, à Dieu ne plaise que j'oublie mon devoir. D'ailleurs, vous connaissez le faible que j'eus toujours pour vous. Je veux la paix : &, pour cela, j'insiste pour que vous daigniez voir mon Alfonse.

LA DUCHESSE, *avec aigreur.*

Ah! c'est *mon Alfonse!* Ces gens-là ont la fureur de se donner des noms...! Eh, Mad. Durut! pourquoi votre neveu ne se nomme-t-il pas tout uniment Nicolas, Claude, François? Voilà ce qui convient tout-à-fait à gens de votre étoffe.

MAD. DURUT, *un peu piquée.*

Vous verrez que je ferai débaptiser mon Neveu pour enroturer ses Patrons au gré de votre vanité! Quoi qu'il en soit, voyez-le. Qu'il se nomme Alfonse, ou Nicolas, c'est un

---

(*a*) 1790 Ce fut la nuit de ce fameux jour qu'une poignée d'ivrognes biffa, sans retour, toute la noblesse passée, présente & à venir! Quel immortel service!

charmant garçon ; je n'en rabattrais pas une épingle. — Souffrez que j'aie l'honneur de vous servir au déshabiller, & qu'ensuite......
= (*La Duchesse, sans dire oui ni non, va du côté de son bain. Mad. Durut suit & la déshabille. — Tout cela se passe en silence.*)

LA DUCHESSE.

Quelque livre...

MAD. DURUT.

De quel genre, Madame ?

LA DUCHESSE, *avec humeur.*

Autre bêtise ! — Du genre que j'aime, apparemment.

MAD. DURUT.

Ah j'entends. (*Elle disparaît un instant, & revient, deux volumes à la main*). Voici *Ma Conversion,* du célèbre Mirabeau, & le *Petit-Fils d'Hercule.*

LA DUCHESSE.

Quant au premier ouvrage, je l'aimais assez avant cette exécrable *Révolution,* à laquelle l'auteur a tant de part. Mais un rénégat destructeur de la noblesse & des titres, ne mérite plus que ses victimes daignent sourire à ses gaîtés. — Donnez-moi le *Petit-Fils d'Hercule.*

MAD. DURUT.

Le voilà. — Par exemple, ce serait le cas... Mon neveu lit comme un ange.

LA DUCHESSE.

Elle a le diable au corps avec son Neveu !

J'aurai bien plutôt fait de céder à cette persécution que de chercher à m'y souftraire. Allons : voyons donc M. Alfonfe ; que j'aie le rare avantage de faire connaiffance avec M. Alfonfe Durut.

Dès que la Duchesse a eu cette velléité de confentir, Mad. Durut s'est mife à écrire fur une carte ce qui fuit :

„ Viens, mon cher Alfonfe, mettre à fin
„ une délicieufe aventure : c'eft avec une Du-
„ cheffe, que je te donnerai pour une ac-
„ trice de Province. Toi, je te fais mon Ne-
„ veu. C'eft une fantaifie que j'ai ; il faut en
„ paffer par-là. — Point de bottes, le ruban
„ noir en poche : un peu de niaiferie : ac-
„ cours (*a*). „

= Mad. Durut fonne, parle bas au Joquey, qui difparait avec la carte. *En même tems,*

LA DUCHESSE
Qui a parcouru les eftampes du Petit-Fils d'Hercule, continue : — Gravures déteftables ! les Artiftes qui fe mêlent de décorer

---

(*a*) Il eft bon de rappeller aux minutieux que, maintenant, les affaires de plaifir fe traitent en très petits caractères tracés avec des plumes de corbeau : ainfi, l'avis de Mad. Durut a pu tenir tout entier fur une carte.

ces sortes d'ouvrages, ne devraient-ils pas avoir autant d'esprit & d'usage que les Auteurs eux-mêmes!... Je veux dire que ceux qui en ont, comme celui-ci, qui paraît terriblement bien connaître & nos goûts & nos caprices. Voyez, Durut. (*Elle lui montre la planche d'une Duchesse sollicitant à genoux les complaisances du Héros*). Ici, par exemple, on a voulu représenter une de nous. Ce n'est pas la posture, ni l'intention que je blâme, nous sommes bien capables de tout cela: mais, comme ce belître de dessinateur a pensé le grand habit! Cette femme n'a-t-elle pas plutôt l'air d'une Reine de Saba que d'une Dame de Palais?... C'est à faire pitié. — (*Elle jette le livre au loin avec mépris. — En même tems le Chevalier vient montrer sa jolie mine à travers la porte qu'il entr'ouvre avec une feinte timidité.*)

LE CHEVALIER, *à Mad. Durut.*
On dit, ma Tante, que vous me demandez?

LA DUCHESSE, *avec étonnement.*
Quoi! c'est là votre Neveu!

MAD. DURUT.
Lui-même. — (*Souriant*) Peut-il entrer?

LA DUCHESSE.
Assurément. — (*Au Chevalier, d'un ton*

amical). Entrez, Monsieur. — (*Le Chevalier entre*). — (*Bas à Mad. Durut*). On n'a pas une plus charmante figure.

Mad. Durut, *au Chevalier*.

Fais tes remercimens à Madame, à qui je viens de parler de ta vocation pour le Théâtre, & qui veut bien s'intéresser en ta faveur auprès du Directeur d'une troupe, dont elle est la première actrice. — (*La Duchesse, agréablement surprise du tour qu'a choisi Mad. Durut, sourit & lui serre la main en signe d'approbation*).

Le Chevalier, *saluant la Duchesse.*

Ah Madame ! que de bonté !

La Duchesse.

Je n'aurai pas grand mérite à seconder vos vues, Monsieur. Je prétends, au contraire, me faire, de ma négociation, un droit à la reconnaissance de celui de qui votre adoption va dépendre. — (*Elle attire à elle Mad. Durut, pour lui parler à l'oreille*). Voilà bien la plus adorable créature ! mais c'est un Ange que ce Neveu-là ! (*le Chevalier s'est écarté pour feindre de la discrétion*).

Mad. Durut, *bas.*

Je ne voulais pas vous en faire tout de suite un grand éloge.

La Duchesse, *bas.*

J'étais bien devant mon jour, je l'avoue, quand je me défendais de le voir. Je suis femme à rafoller de lui. — (*Haut.*) — M. Alfonfe ? ayez la complaifance de relever ce livre & de me l'apporter....

= Il obéit; — pour recevoir le livre de fes mains, la Duchefſe a la coquetterie d'écarter ſi bien la toile dont ſa baignoire eſt enveloppée, que rien n'empêche le Chevalier d'y voir complettement cette Belle en état de pure nature. Auſſi ne manque-t-il pas de plonger un regard furtif fur tant d'appas. En même tems la Duchefſe fixe avec méditation ſur lui des regards, qui, par degrés, s'animent de tous les feux du défir : leurs yeux venant enfin à ſe rencontrer, ils rougiſſent l'un & l'autre. =

La Duchesse, *continue.*
Vous me trouvez un peu curieuſe ? = C'eſt que j'ai pour principe qu'on peut faiſir, à certain point, dans une phyſionomie, les indices du caractère : je cherchais donc à démêler, dans la vôtre, à quel emploi, pour la Comédie, vous pouviez être le plus propre. Il me ſemble que celui de *jeune premier* eſt le ſeul qui vous convienne.

Mad. Durut, *au Chevalier.*
C'eſt celui qu'on nomme dans le monde *les Amoureux.* — (*à la Duchefſe.*) — Il n'eſt pas au fait. Il faut lui expliquer les choſes.

— (*Au Chevalier*) Te fens-tu des difpofi-
tions ? Là. Franchement ?

LE CHEVALIER, *vivement.*

Oh oui, ma Tante, d'infinies... (*baiffant les yeux*) fûtout, puifqu'il s'agit d'entrer dans une troupe où Madame...

LA DUCHESSE, *interrompant.*

Je crois vous entendre. — (*à Mad. Durut.*) Il n'eft pas fans efprit.

MAD. DURUT, *un peu bas.*

Je m'en fuis toujours doutée; & je fuis fûre que, fi vous aviez la bonté de lui communiquer un peu du vôtre, il ferait en peu de tems des progrès admirables.

LA DUCHESSE, *moins bas.*

Soyez affurée, ma chère Durut, qu'il n'y a rien que je ne fois capable de faire pour votre Neveu... Il rougit ! il eft divin. — (*Cette rougeur, très vraie, provient de l'impreffion plus que douce que fait fur le très-inflammable jeune homme, la fréquente digreffion de fes yeux fur une infinité de charmes. — On fiffle pour Mad. Durut.*)

MAD. DURUT, *souriant.*

Excufez-moi, mes enfans. (*Elle s'évade.*)

LA DUCHESSE,
(*à Madame Durut, comme pour la rappeller.*)
Eh bien, eh bien ? — (*au Chevalier.*) Vo-

tre Tante est la meilleure femme de l'univers; mais, entre nous, elle perd l'esprit! Y a-t-il du bon sens à s'en aller sans me laisser personne qui puisse m'aider à sortir du bain?

LE CHEVALIER.

Je croyais, Madame, que vous y étiez depuis bien peu de tems? Mais, quand il vous plaira d'en sortir, j'aurai soin de vous procurer tout ce qui pourra vous être nécessaire.

LA DUCHESSE.

C'est parler raisonnablement. Mais votre Tante est vraiment folle, comme je vous le disais: N'imaginait-elle pas que j'allais me servir de vous-même.

LE CHEVALIER.

Permettez, Madame, que je sois neutre dans cette occasion. Si, de peur de vous déplaire, je n'oserais vous contredire, il n'en est pas moins vrai que ma Tante pensant à me procurer tant de bonheur, je ne puis aussi la blâmer.

LA DUCHESSE, *gaîment.*

Cela est clair, je suis condamnée?

LE CHEVALIER.

Il serait heureux pour moi que de vous-même, vous voulussiez bien avoir tort.

LA DUCHESSE, *finement.*

M. Alfonse? vous n'êtes pas tout-à-fait aussi neuf qu'on a voulu me le persuader... Eh bien ! Je souscris à votre arrêt ; & vous allez être chargé seul de tous les petits soins d'usage. — L'effet que j'espérais de ce bain est absolument manqué... Je ne sais... au lieu de me rafraichir, il m'a mise dans une agitation.... — (*Elle se met debout dans sa baignoire.*) — Je n'y peux plus tenir.

= Faisant face au Chevalier, elle expose ainsi, dans tout leur avantage, ses plus attrayans appas. — M. Alfonse, malgré son inexpérience, fait tout ce qui convient avec une adresse infinie : ses larcins même, quoique plus volontaires que nécessités, ont une grace qui donne de lui la plus favorable opinion. Les détails de cette toilette vont jusqu'à une espèce de *pillage-galant*, pour lequel au surplus la Duchesse, sûre de son triomphe, affecte de donner les plus engageantes facilités. =

Le Chevalier
(*Tortillant en ce moment dans ses doigts les mèches de la toison, comme pour leur rendre leur ondulation naturelle.* — Si j'étais assez mal-adroit pour vous faire quelque mal ?.....

La Duchesse.
Je vous crois bien sûr du contraire. — Il faut avouer, mon cher Alfonse, que vous êtes le plus intelligent baigneur.... (*dans ce moment*

moment il a l'attention de détourner de l'orifice même les pointes qui pourraient s'y être engagées. On se doute de l'effet agréable que peut produire un aussi scrupuleux détail. — La Duchesse ajoute :) — Non, vous n'êtes point un nouveau-venu. Durut m'a trompée ? Vous avez passé votre vie à rendre de pareils soins ?

LE CHEVALIER.

Je vous jure, Madame, que j'ai le bonheur de les rendre pour la premiere fois de ma vie. — (*Il a fini, la Duchesse prend, pour tout vêtement, un ample & long peignoir de mousseline.*) — *Un instant de silence, & d'inaction.*

LA DUCHESSE.

Avec l'air d'hésiter & d'être combattue.

Eh bien..... il y a de la bizarrerie à ce que je vais vous proposer.... Mais c'est une folie qui me passe par la tête.... Auriez-vous la complaisance de vous y prêter ?

LE CHEVALIER.

Vos volontés sont des ordres pour moi.

LA DUCHESSE.

Je voudrais.... Non, non, je ne veux plus. C'est aussi par trop extravagant.

LE CHEVALIER, *à genoux.*

Parlez, de grace.

LA DUCHESSE, *se hâtant de le relever.*

Y pensez-vous ! — J'imaginais de vous in-

C

viter à vous mettre dans ce bain, si vous ne répugniez pas à m'y succéder. Et j'aurais, à mon tour, essayé s'il est aussi naturel que vous le dites de s'acquitter bien.....

LE CHEVALIER, *interrompant.*
Vous, Madame, daigner....

LA DUCHESSE, *extrêmement agitée.*
Eh, pourquoi pas!

LE CHEVALIER.
Si vous ne vous amusiez pas à m'éprouver.....

LA DUCHESSE, *très-émue.*
Quelle idée! — (*Elle lui serre involontairement la main.*)

LE CHEVALIER.
Tout de bon? Vous souffririez qu'à vos yeux.....

LA DUCHESSE, *vivement, & avec un peu d'embarras.*
— N'achevez pas : ce que vous ajouteriez ferait la satyre de ma propre impudeur.

LE CHEVALIER.
Vous l'ordonnez.....

⸺ Il se déshabille à la hâte. Quand il n'a plus qu'une chemise & un caleçon, il hésite. La Duchesse en silence, détache les boutons des manches & du col. Le Chevalier se voit forcé de quitter sa chemise ; la Duchesse en feu, le cœur palpitant, se repaît des formes délicieuses de ce corps, dont on peut se faire une idée, si l'on connait le groupe de Castor & Pollux des jardins de Versailles. — Reste le caleçon.

La Duchesse, *les yeux fixés sur la ceinture.*
— Eh bien ?
Le Chevalier, *les doigts sur les boutons.*
— Eh bien. — (*Il observe avec une attention profonde les mouvemens de la Duchesse, qui ne lève cependant pas les yeux & paraît attendre obstinément.*) Eh bien donc ! — (*Le caleçon tombe & met en liberté le plus fougueux prisonnier; celui-ci, par une heureuse direction, a l'air de défier... cet adversaire que recèle le peignoir.*

La Duchesse, *presque hors d'elle-même.*
C'est.... c'est assez. — (*Le Chevalier va s'élancer dans la baignoire, elle le retient.*) — Non, non, r'habillez-vous, bel Alfonse. Je ne soutiendrais pas jusqu'au bout l'épreuve dangereuse que j'ai eu la témérité de tenter... Je suis une insensée : quittons-nous.

= Le Chevalier est à ses pieds, la serrant à crud contre lui, car le fripon a su profiter d'un moment où le peignoir s'est entr'ouvert, & ses bras brûlants enlacent les plus belles fesses de la Cour. Sa bouche est à hauteur du nombril ; d'un mouvement respectueux en apparence, il l'abaisse sur la brune tapisserie du sallon des plaisirs....

Ah! que je mérite bien ce qui m'arrive! (*s'écrie la Duchesse.*)

Le Chevalier qui, depuis longtems a vu ouverte la porte d'une pièce contiguë, dans laquelle est un lit, souleve légerement la Duchesse & la porte sur cet autel. Elle se défend, avec un courage opiniâtre, du sacrifice qu'il s'agit de lui arracher. Cette résistance paraît au Chevalier, d'un ridicule qu'il ne se croit point fait pour respecter. En vain la Duchesse, qui s'est saisie du trait dont elle semble redouter l'atteinte décisive, essaye-t-elle, par un jeu d'une vivacité proportionnée à l'extrémité de la circonstance, de tromper les vues du Chevalier; il fait se dérober à la main experte qui s'abaisse à le travailler, il se rend maître de tout ce qui peut s'opposer à la vraie consommation de l'holocauste... Bref: la Duchesse est... violée. — La loi d'une guerre-de-Siege est que le vainqueur ne fasse aucun quartier quand la place succombe à l'assaut; ainsi, notre adorable Conquérant fait des siennes à toute outrance & darde sa rosée de vie, sans le moindre ménagement. Le peu de part que semble prendre l'Assiégée à la joie de ce triomphe, ne veut pas dire qu'elle y foit tout-à-fait infenfible. Elle a goûté (peut-être en dépit d'elle-même) le plus vif des plaifirs : mais, à peine cet orage de bonheur a-t-il fini pour elle, qu'elle laiffe échapper les défobligeantes expreffions du repentir & du reffentiment. N'en rapportons que ce qui eft indifpenfablement néceffaire à la folution de l'énigme : ⚌ Monftre! (*dit-elle dans un délire de fureur*) tu te crois heureux? Eh bien, fi je fuis groffe de ta façon, vil petit bourgeois, tu m'auras affaffinée, car je me brûlerai la cervelle. ⚌

⚌ Sans doute le Lecteur ne s'attendait pas à ce dénouement, qui n'eft du tout analogue à *l'imbroglio* de la Scene? Il faut le mettre au fait: la Ducheffe, par un de ces travers dont rien ne peut rendre compte, a confervé de fon origine allemande & de l'éducation qu'elle a reçue, le préjugé de croire qu'*une femme de haut-rang fe doit de ne mettre au monde que de vrais gentilshommes*. En conféquence, mariée depuis trois ans, il lui eft affez égal que les enfans qu'elle pourra donner à fon époux foient de lui, ou du plus fécond des *aides-maris* qu'elle favorife : le point effentiel eft qu'aucun levain-roturier ne puiffe fermenter dans fes nobles entrailles; elle a donc fait & tenu jufqu'alors le serment *de ne se livrer, selon la nature, qu'à des nobles...* — Or, elle est persuadée, dans cette occurrence, que le bel Alfonse est le neveu d'une femme dont la naissance & l'état sont non-seulement obscurs, mais abjects. — Elle a du caractère, nous l'avons dit en traçant son portrait. Ainsi, quelque charmante qu'ait été pour elle la naissance de sa tentation, elle est au désespoir d'avoir été entrainée. Elle avait tout un autre projet : D'abord celui de satisfaire un desir curieux : la vue d'un corps, qu'elle soupçonnait devoir être admirable, lui promettait un grand plaisir. Pourquoi ne pas le goûter en entier ? Pourquoi se priver, par un peu de fausse honte, de savoir si *ce qui fait l'homme* répondait chez Alfonse au reste de ses perfections ! — De là le caprice de proposer le bain, d'aider à déshabiller, d'exiger la chûte du caleçon &c... — D'ailleurs elle supposait Alfonse novice, docile & capable de s'arrêter où elle le lui prescrirait. Ensuite : la Duchesse, par exemple, aime à la fureur qu'une langue complaisante & vive l'électrise & lui fasse oublier son être. C'était à ce seul badinage qu'elle se proposait d'employer son beau protégé. — Mais point du tout ! le voilà qui a pris le mors-aux-dents... & le reste ! Quel bonheur pour cette femme bisarre quand elle sera détrompée ! Quelle bonne Scene de ridicule pour le Chevalier, qui sent tout l'embarras que se donne la Duchesse, sortant soudain de son rôle de femme de théâtre pour outrer la hauteur d'une femme de cour ! — Oublions-les pendant quelques momens, & voyons un peu ce qui se passe ailleurs.

A BON CHAT: — BON RAT.

TROISIEME FRAGMENT.

═ A peine la Duchesse était-elle au bain, que le Comte (rencontré tout près de l'hospice par l'émissaire), est arrivé. C'est à son occasion qu'on avait sifflé pour Mad. Durut, quand elle a si brusquement laissé seuls la Duchesse & le neveu supposé. — Mad. Durut introduit le Comte dans le même pavillon où elle avait d'abord conduit le Chevalier. ═

LE COMTE, (*a*)
.... C'est qu'aussi la chère Duchesse extravague. — Exiger de moi, dans ma posi-

---

(*a*) LE COMTE ; — Ce que cet homme a de plus remarquable est son extrême suffisance ; il n'est d'ailleurs ni bien, ni mal : mais il était ci-devant *de la Cour*, & d'une liste dans laquelle les femmes, telles que la Duchesse, choisissent volontiers leurs amis de boudoir.

tion (*a*), des entrevues de jour! C'est manquer totalement de bon sens.

MAD. DURUT.

Vous savez que, la nuit, elle ne peut ni sortir, ni vous recevoir chez elle.

LE COMTE.

Jetter ensuite feu & flammes, parce que je ne suis pas à la minute, où elle n'a rien de mieux à faire que de se trouver, même avant l'heure! C'est me tyranniser.

MAD. DURUT, *ironiquement.*

Je vous conseille de vous plaindre!

LE COMTE.

Où est-elle, enfin?

MAD. DURUT.

Au bain.

LE COMTE.

Je vole auprès d'elle....

MAD. DURUT.

Non pas, s'il vous plait. — (*On devine la*

(*a*) Membre de cette fameuse Assemblée qui s'est orgueilleusement chargée d'une besogne fort au dessus de ses forces, le Comte est tellement indifférent pour la *chose publique*, qu'il n'a pas été un seul moment tenté de jouer un rôle. Borné d'ailleurs (moins faute de quelqu'esprit, que faute d'instruction) il a vainement été frappé sans cesse; jamais il n'est jailli de lui la moindre étincelle. Par *ton* pourtant, il est *du côté droit:* au surplus, *homme à femmes,* & même libertin; car enfin, il faut bien être quelque chose.

véritable raison de Mad. Durut? Voici celle qu'elle donne.) L'objet du bain est de calmer le sang : or, nécessairement, l'explication que vous auriez ensemble, agiterait cette belle Dame; vous aurez donc la complaisance d'attendre que j'aie pris ses ordres à votre sujet, & rapporté sa réponse.

LE COMTE.

Vous avez raison, ma chere Durut : du caractere que nous lui connaissons, elle ne manquerait pas de faire une scene : il faut l'éviter. — Mais, je meurs de besoin. Cloué, dès huit heures du matin, sur les bancs de ce maudit *Manege*, d'où je me suis échappé, comme un voleur, sans attendre la fin de la plus intéressante discussion...

= Quoique le Comte n'ait dit tout cela qu'en vue de faire l'important, Mad. Durut sachant très-bien qu'il est absolument nul à l'assemblée, & se plaisant à faire des épigrammes à sa maniere, coupe cette tirade : =

MAD. DURUT.
Que prendrez-vous, M. le Comte?
LE COMTE.
Une croûte grillée avec un peu de vin d'Espagne.
MAD. DURUT.
On va vous servir à l'instant : (*Elle disparait.*)

== Un moment après, le déjeûner du Comte est apporté par Célestine (*a*), une charmante fille qui passe, dans la maison, pour être *Sœur de Mère* de Mad. Durut.

LE COMTE, CELESTINE.

Le Comte, *allant au devant.*

Quoi ! c'est vous-même, belle Célestine, qui prenez la peine...

(*a*) CÉLESTINE, (*à peine* 20 *ans*). Grande & belle blonde au plus frais embonpoint, richement pourvue de toutes les rondeurs & potelures que peuvent désirer tous les genres d'amateurs. -- Célestine a de grands yeux bleus plus animés que ne le sont ordinairement ceux de cette couleur, & qui semblent demander à tout le monde l'*amoureuse merci*. Sa bouche riante, ses lèvres légérement humides ont le mouvement habituel du baiser. Cette fille est, parmi les femmes, ce qu'est, parmi les fruits, une belle poire de doyenné, *tendre & fondante*. -- Célestine, désirée de tout le monde, aime tout le monde aussi. Jamais cette bienfaisante créature ne sut répondre *non*, à quelque proposition qu'on ait eu le caprice de lui faire. Elle a de plus la gloire d'avoir emporté, au concours, la place de *premiere essayeuse*. On rendra compte, en tems & lieu, des fonctions & prérogatives de cet important emploi.

CELESTINE.

Pourquoi pas, M. le Comte! — On a toujours du plaisir à servir quelqu'un d'aimable.

Le Comte, *avec un mouvement modeste.*

Ah! — Ce joli compliment met le comble à vos attentions. (*Il la débarrasse du plateau.*) — Si vous vouliez, charmante Céleſtine, que ce déjeûner devînt délicieux pour moi, vous mouilleriez ce verre de vos levres de roſe, &, buvant après vous, je croirais recevoir un baiſer.

CELESTINE.

Voilà qui eſt d'une galanterie bien quinteſſenciée! Pourquoi demander, de ma part, un baiſer par ricochet, quand je puis vous en donner plutôt deux qu'un directement!

Le Comte, *les prenant avec transport.*

Eſt-on aimable! — En vérité, Céleſtine, vous ſurpaſſez tout ce qui vient ici...

Celestine, *interrompant gaîment.*

Chut, chut: ſongez que nous avons quelque part certaine Ducheſſe &....

LE COMTE.

Bon! — Elle eſt au bain, ſi loin, ſi loin de nous....

Celestine, *avec finesse.*

Mais ſi près, ſi près de votre cœur? — (*Il ne laiſſe pas d'entraîner Céleſtine jusques vers un fauteuil, où il ſe jette la tenant entre ses jambes.*) — Allons, M. le Comte, de la bonne foi dans les traités ; vous n'êtes point ici pour moi.

LE COMTE.

Laissons, mon cœur, ces subtilités de délicatesse. Il y aurait moyen de bien mieux employer les instans. (*Il chiffonne le fichu.*) Si vous m'aimiez un peu...

CELESTINE, *défendant faiblement sa gorge.*

Nous ne nous connaissons point, pourquoi vous aimerais-je ! — Vous êtes joli Cavalier, pourquoi ne vous aimerais-je pas ?

LE COMTE, *s'animant.*

Elle est divine ! — Il y a un siecle, belle enfant, que tu me trotes en cervelle ; mais tu as précisément une de ces sorcières de mines qu'il faut chasser de son imagination comme la peste, si l'on ne veut pas s'enfievrer.

CELESTINE.

Pourquoi, s'il vous plaît, me chasser si fort ! Sachez que j'aime beaucoup, moi, qu'on se passionne un peu pour mon petit mérite... Mais voyez donc comme il m'accommode ! — (*Les tetons sont au pillage.*)

LE COMTE.

Un baiser ? petite Reine.

CELESTINE.

A la bonne heure. — (*Elle le donne.*)

LE COMTE, *en admiration.*

— Quelle blancheur ! quelle finesse de peau ! — Tu permets bien aussi que je baise....

CELESTINE, *se laissant faire.*

Voilà comme sont tous ces hommes! Ils demandent moins que rien; on leur accorde quelque chose; tout de suite ils veulent davantage! — (*En effet tout en baisant les fraises du sein de Célestine, le Comte a glissé sa main le long de deux cuisses d'albâtre.*) — Ne le disais-je pas! — Finissez pour le coup. Votre Duchesse... ma sœur... & tout est ouvert!

LE COMTE.

Tu as raison: — (*Il va promptement fermer la porte.*)

CELESTINE, *feignant de s'y opposer.*

Non, non: ce n'est pas pour ce que vous pensez au moins?... (*Le Comte vient se rasseoir, entraîne Célestine & la tient, jambe deçà, jambe delà; en face de lui.*) — Quelle folie! == On m'attend... chut. — (*Pendant la pause qu'exige cette situation, le Comte s'est rendu maître du plus délicieux bijou. Célestine feint d'avoir l'oreille au guet & de ne pas consentir tout-à-fait au larcin de l'agresseur. Celui-ci agace un petit point très sensible chez les Dames, & que, chez Célestine surtout, on n'excita jamais impunément.*) — Oh mais!... mon cher Comte? Soyez donc en scène avec moi. Je voulais me fâcher un peu,... je le devrais sans doute, mais si vous me faites de si jolies choses, il n'y aura pas moyen...

== De ce moment, il est décidé que le Comte peut pousser à bout l'aventure. Déjà l'humide paupière de Célestine palpite & s'abbat sur l'œil languissant ; ses roses s'animent ; son sein s'agite... elle tombe en avant, la bouche sur celle du Comte. Celui-ci, à la faveur des juppons retroussés sur son bras, a mis furtivement en campagne le *grand-maître des cérémonies*, qui déjà faisant sentir sa douce chaleur aux levres du bijou doré, y remplace le doigt précurseur. Célestine est si éloignée de prendre en mauvaise part cette ruse de guerre, que soudain, d'une main aguerrie, elle s'empare du trait menaçant, &, s'en frottant vivement le corail extérieur, elle acheve ainsi de se faire pâmer d'aise. Ses baisers deviennent furieux ; elle abandonne le poids de son corps sur le Comte, & se plonge en même tems l'ardent boute-joye, sans se faire grace d'une ligne... ==

Le Comte, *avec transport.*
L'adorable créature !

== Pour jouir plus voluptueusement de cette plénitude de possession, il demeure inactif, & s'amusant de la plus belle mappemonde imaginable, il attend la fin de l'heureux anéantissement de Célestine. — Elle respire enfin :

alors il la souleve & la laisse retomber périodiquement, donnant ainsi l'impulsion de cette manœuvre électrique qu'exige le mécanisme de la jouissance. Presqu'aussitôt la lubrique Célestine est de moitié de ce voluptueux travail. Plus elle le presse, plus le Comte le ralentit, voulant se filer un moment de superlatives délices. Célestine, sentant approcher les vives annonces de la consommation, ne fait plus que s'agiter circulairement sur le Comte avec l'air de le moudre. Ils atteignent ainsi le faîte du bonheur. Leurs ames confondues dans les postes inférieurs, se retrouvent encore, & se mêlent dans les plus ravissants baisers. =

CELESTINE, *après un long silence.*
Ah, mon cœur. Quelle aubaine ! Si ta fière Duchesse savait cela !... — (*Elle se dégage.*)
LE COMTE, *debout.*
Elle n'aurait, à la vérité, pas lieu d'en être fort satisfaite, car, (ce que je vais te dire, n'est point un vain compliment, Célestine) ce début de bonheur avec toi me désenchante absolument sur le compte de l'orageuse Duchesse : tu vaux infiniment mieux, & je songe très sérieusement à donner beaucoup de suite à cette heureuse passade.
CELESTINE, *gaîment.*
Quant à moi, sans plus y songer que tout

à l'heure, je me sens fort capable de tolérer dans l'occasion tes cheres impertinences. — (*Elle s'apperçoit, à certaine restitution, que le Comte a fait de grand fraix dans leur impromptu.*) — Comme tu m'en as donné ! c'est un déluge ! si je pouvais être jalouse de ta superbe amie, j'aurais du plaisir à penser que tu n'as pas réservé grand'chose pour elle. — (*En disant cela elle est appuyée d'une main contre le dossier d'un fauteuil, & de l'autre, elle s'essuye provisoirement ce qu'on fait, le corps un peu penché.*)

LE COMTE.

Ah ! c'est m'insulter. — Voyez d'abord : (*Il se fait voir en effet encore sous les armes, & gardant une très ferme contenance.* — Maintenant je vais vous réfuter plus victorieusement encore...

= La posture de Célestine, indiquant pour lors un autre plan d'attaque, il la trousse jusques par dessus les reins & met au plus grand jour les beautés occidentales. — Frappé de leur rare perfection, il ne peut se défendre de différer, en leur faveur, l'exécution de sa seconde entreprise. Il tombe à genoux ; les sœurs rebondies sont à l'instant vivement caressées & couvertes de mille baisers. — Peut-être n'est-ce que la coquetterie de recevoir complettement cet hommage qui suggere à

D

Célestine de demeurer postée, faisant semblant de renouer ses jarretieres ; peut-être aussi, le plus bisarre de tous les goûts (pour une femme) & dont cette Célestine sera bientôt connue pour être dominée, fait-il qu'elle ne prend aucune précaution contre la botte florentine qui pourrait la menacer. Déjà le Comte, dans un moment de délire assaisonné des exclamations les plus passionnées, est allé jusqu'à déposer un baiser fixe & mouillant sur cette bouche impure de laquelle, en pareil cas, il serait disgracieux d'obtenir un soupir... Célestine ne peut s'empêcher de rire. Dès que le ridicule s'en mêle, tout desir disparait. Elle se déplace donc, laissant le Comte un peu confus d'avoir trop affiché certaine prédilection dont, un moment plus tard, il allait donner des preuves encore plus décisives. Que ne se doute-t-il que peut-être la capricieuse Célestine lui en aurait su gré ! ═

CELESTINE, *gaîment.*
Avouez, cher Comte, que vous êtes terriblement *de là* ? Qui vous laisserait faire...
LE COMTE.
Il faudrait que Célestine eût moins de charmes, on serait moins extravagant. ── (*Il tire de son porte-feuille un assignat de 300 livres, & le lui donne.*) . . . .
. . . .

(*On supprime ici d'inutiles lambeaux de dialogue*).

CELESTINE,

Acceptant l'assignat après quelques façons.

Ne croyez pas cependant que je veuille employer ce chiffon à réparer votre sottise. On dit qu'avant peu, ce beau papier de votre fabrique ne sera plus bon qu'à cet usage : mais en attendant je vais bel & bien le convertir en écus.

LE COMTE.

Tu me bats avec mes armes, friponne ! cela n'est pas généreux...

═ Pour l'appaiser, Célestine se jettant à son cou, lui donne un de ces baisers qu'elle a le talent de rendre si doux, & s'échappe à l'instant. — Il est bon d'avertir le Lecteur que cette si complaisante Célestine avait été députée au Comte par Mad. Durut, afin qu'il fût occupé tout le tems qu'il faudrait à la Duchesse pour s'arranger avec le charmant Alfonse. On voit que Célestine ne pouvait s'acquitter mieux de son agréable commission. — Le Comte se purifie, aidé, comme l'a été le Chevalier, par la jolie Négrillonne. Ensuite, il déjeûne & attend, en lisant quelques feuilles du jour, qu'on vienne enfin lui donner des nouvelles de sa Duchesse.

Encore au Pavillon des Bains.

== Mad. Durut y était, comme on sait, revenue, pour annoncer à la Duchesse (dans ce moment aux prises avec le conquérant Alfonse) *que le Comte venait d'arriver.* — On se figure aisément que la maligne Durut n'a pas trouvé, sans goûter un certain plaisir, la Duchesse au désespoir d'avoir reçu *tout à travers les choux*, la bordée d'un prétendu roturier ? Comme après s'être un moment amusée du mal-entendu, rien n'était plus facile que d'y mettre fin, voici comme elle s'y prend :

MAD. DURUT.

Malgré tout le respect que je vous dois, Mad. la Duchesse, vous me permettrez de vous dire que vous êtes terriblement bégueule ! — (*La Duchesse fronce le sourcil.*) Eh mon Dieu ! vos gros yeux ne me font pas peur : — Eh bien ! quand cet adorable enfant ne serait par aventure qu'un petit bourgeois, où serait, s'il vous plait, le grand malheur ? — voyons ? — (*Déjà la physionomie de la Duchesse s'éclaircit. — Elle réfléchit un moment.*)

La Duchesse.

Expliquez-vous plus clairement, ma chère Durut. Si je ne m'abuse point... Il me semble que vous venez de me donner quelqu'espoir que peut-être Alfonse... (*Elle promène de l'un à l'autre des regards très attentifs.*)

Mad. Durut, *s'animant.*

Eh foutre! (*a*) vos bêtises me feraient sortir de toutes les bornes. Et vous mériteriez bien que je vous laissasse dans l'erreur. — M. Alfonse, qui n'est point mon neveu, vaut pour la naissance mille de vos fouteurs. Il n'est pas plus *bourgeois* que vous, il enfilera bien d'autres belles Dames; & fût-il coëffeur ou laquais, d'aussi huppées que vous se l'appliqueront sur l'estomac sans lui demander ses preuves. — Ne serait-ce pas une grande tragédie vraiment, quand un honnête particulier, qui n'aurait point de parchemins, aurait fait un enfant à une Duchesse! comme si elle-même ne pouvait pas être, sans s'en douter, **la fille de quelque valet**!...

= Pendant cette tirade, débitée avec humeur & rapidité, la Duchesse infiniment soulagée, n'a fait que caresser follement le Chevalier, l'enlaçant de ses bras & de ses cuisses,

―――――――――――

(*a*) Pardon, cher Lecteur.

le balotant, se roulant sur lui, donnant, en un mot, les plus extravagantes marques d'un contentement sans bornes. ▭

LA DUCHESSE.

Il est noble !... Il est gentilhomme ! Ah ! fripon ? que ne le disais-tu ! — (*A Mad. Durut.*) Vous venez pourtant d'abuser de la conjoncture, Mad. Durut, & de tenir de très mauvais propos. Heureusement pour vous, ce moment m'est si doux que je ne puis me fâcher de rien. — (*Plus gaîment*) Démons ! pourquoi m'avoir joué ce tour sanglant ? — (*à Mad. Durut.*) A quoi bon cette feinte ? — (*au Chevalier.*) Pourquoi t'y être prêté ? — (*Le Chevalier ne répond que par des caresses passionnées.*)

MAD. DURUT.

C'est moi, c'est moi, Madame, qui avais imaginé ce stratagême pour me venger de vos travers, dont par fois vous m'excédez ; pour vous punir de votre morgue maudite, & (s'il était possible) pour vous en corriger. — N'est-il pas honteux, dites-moi que, faufilant depuis trois ans avec les Aphrodites, vous n'ayiez jamais pu être reçue *Professe*, faute de vous être soumise à *l'égalité sans bornes & au parfait abandon*, sans lesquels on ne peut réunir les suffrages ! Eh morbleu ! Mesdames de Vadouze, de Polymone, de Pompamour, de Chaudpertuis, & tant d'autres, qui vous valent bien sans doute, n'ont-elles pas subi toutes les épreuves? prononcé tous les sermens? — Aussi, sont-elles fêtées, courues, réverées... tandis que vous, en dépit de vos charmes... (*Elle hausse les épaules.*) Faut-il tout vous dire sans détour? — Il a été plus d'une fois question de vous réformer net, & même, de vous interdire, sans appel, jusqu'à l'entrée de cet hospice?

LA DUCHESSE, *alarmée.*

Ciel! Que dis-tu là! Quoi! tout de bon, Durut? tu n'exagères point?

MAD. DURUT.

Non, je vous jure.

LA DUCHESSE.

Me réformer! les ingrats! — Mais ce n'est pas à cause d'eux; c'est pour moi, pour le cher intérêt de mes plaisirs, que... je veux devenir tout ce qu'on peut être ici. — C'en est fait, Durut. Ta confidence m'arrache le bandeau; j'avais tort, je me résigne à tout... Oui, j'abjure de tout mon cœur le plus sot des préjugés. — Quoi? pour un peu de vanité, bien mal entendue, n'ai-je pas tout-à-l'heure en partie perdu la jouissance d'un de mes plus beaux momens? Pouvant être au comble de l'humaine félicité par la possession de cet ange... (*Elle lui jette à la hâte quelques baisers*) n'ai-je pas eu la gaucherie de combattre contre ma fortune & de chasser en quelque sorte le plaisir ! C'en est fait, te dis-je. Oui, Durut : je deviens raisonnable, &, qui que ce soit au monde qui pourra me plaire & me désirer... qu'il se présente... — Je veux faire afficher ma conversion à la porte du sanctuaire & demander pardon, la face contre terre, le jour de la plus prochaine assemblée...

MAD. DURUT.

Ce sera vendredi (*a*) de l'autre semaine.

LA DUCHESSE.

Ah ! tant mieux : j'y veux faire amende-honorable ; me soumettre à tout, & me donner toute entiere, si j'y suis condamnée, au plus abject des frères...

MAD. DURUT, *interrompant*.

Et vous voilà toujours ! --- Oublierez-vous donc éternellement (Duchesse que vous êtes) que toute distinction entre les frères disparait dès qu'ils mettent ici le pied ?...

LA DUCHESSE, *occupée d'Alfonse*.

Cher enfant ! moi t'avoir outragé ! --- (*Elle le caresse.*)

(*a*) On saura par la suite pourquoi ce jour était particuliérement celui des grandes cérémonies des Aphrodites : ou plutôt on devine déjà que ce choix était un hommage à Venus.

LE CHEVALIER, *répondant à ses bontés.*

Quel outrage ! vos combats, votre fureur elle-même, tout cela n'avait-il pas de quoi décorer mon bonheur !

LA DUCHESSE, *le montrant à Mad. Durut.*

Mais ne devais-je pas, à ces traits enchanteurs, à cette angélique physionomie, reconnaître quelqu'un de bien-né. — (*Au Chevalier.*) Qu'es-tu donc enfin dans ce monde ? N'y as-tu d'autre destination que celle d'ensorceler sans doute toutes les femmes ?

LE CHEVALIER.

Je suis à Malthe & à la suite des Dragons, en attendant l'exercice d'une charge, aujourd'hui suspendue, mais que, peut-être, on n'abolira pas...

LA DUCHESSE, *avec feu.*

Ah ! du moins, auras-tu celle de mon *premier-fouteur* (a) aussi longtems que cela pourra te plaire. Viens : qu'à l'instant je t'en mette en possession. — (*Elle enjambe Alphonse & écarte en même tems avec une sorte de fureur tout ce qui pouvait les couvrir.*) Toi, Durut, contemple la rare perfection de cet être-là.

MAD. DURUT, *finement.*

Nous en avons aussi quelqu'idée.

(*a*) Et les Duchesses aussi, par fois, ont de ces gaîtés ; j'en appelle aux Lecteurs qui peuvent en avoir l'expérience.

La Duchesse, *s'exaltant.*

Eſt-ce un homme ? eſt-ce un Dieu ? (*Elle ſaiſit avec tranſport le fier boute-joye.*) Vois : admire. Quelle vigueur ! quel tour ! quelle grace ! (*Elle ſe le plante avec délire.*) — (*En ce moment, le Comte impatienté d'attendre, vient & voit tout.*)

⹀ En vain Mad. Durut s'eſt jettée précipitamment vers la porte, voulant la fermer au nez du Comte ; il réſiſte, repouſſe, & s'élance dans la chambre. ⹀

La Duchesse,
(*Doublement tranſportée de deſir & d'indignation.* — *Au Chevalier.*) — Va, va toujours, mon Roi, tant pis pour les ſots-curieux.

⹀ La Ducheſſe s'agite avec paſſion ſur le bel Alfonſe ; il en coûte d'abord quelque choſe à celui-ci d'avoir pour témoin de ſon triomphe un homme contre lequel il n'a pas le moindre grief ; mais bientôt ſa poſition l'entraine, il a du plaiſir, il en donne, intérêt cent fois plus flatteur. — Cependant le Comte, ſtupéfait, indigné, demeure, comme ébété, dans les bras de Mad. Durut, qui croit devoir le retenir, de peur qu'il ne ſe porte peut-être à quelque violence. ⹀

Mad. Durut, *au Comte.*

Hélas, mon cher, la pilulle est amere, mais il faut l'avaler. — Pourquoi diable aussi, vous qui ne pesez pas un *zeste* dans votre fichue assemblée, demeurer en retard, par air, & sans autre vue que celle de jouer le capable ?

Le Comte, *brutalement & la repoussant.*

Eh! sacrebleu, laisse-moi. — (*La Durut séparée de lui, s'approche des autres qui vont toujours leur train.*)

La Durut, *au Comte.*

Tu deviens fou, mon cher petit Comte! un autre à ta place ne perdrait pas ainsi la tête. Est-ce bien toi! Ce même homme si fameux chez nous pour ses *Villetiques* prouesses! (*a*) Est-ce lui qui peut bouder à la vue de ce superbe cû, posté, comme exprès, pour offrir une indemnité! — Eh, viens donc, lâche foutteur? viens arracher à ton rival heureux du moins la moitié de sa conquête. — Tiens, vois-tu? — (*Elle promene une main caressante sur les belles fesses de l'en-*

(*a*) L'univers sait que l'équivoque du Marquis de Villette est le Président perpétuel du formidable district des citoyens rétroactifs, partant zélé partisan de la Constitution, où tout est sans devant derriere.

filée; &, d'un doigt tant soit peu pénétrant, elle marque certain but.) C'est là... là que devrait s'éteindre ta colere & s'effacer ton affront.

LE COMTE.

La coquine a plus de bon sens que moi...

= Il marche vers le lit, mais c'est tout juste le moment où la Duchesse & le Chevalier tombent en crise. Leurs agitations, leurs accens, leurs mots caressants, passionnés, sont de nature à ce que le Comte soit plus humilié qu'enflammé. Il n'a fait ainsi quelques pas que pour être, de plus près, témoin des transports brûlants, du bonheur sublime, de l'extatique oubli des êtres qui l'outragent. — Il se jette sur un siege, confus, pensif, embarrassé de sa contenance, l'œil sombre, la tête baissée & soupirant avec douleur. — Un peu plus tard, un signe que fait la Duchesse à Mad. Durut, demande qu'on rejette les couvertures sur elle & le Chevalier, qu'elle garde à ses côtés. — Reste à savoir comment se terminera cette scene étrange. — C'est à quoi vont penser les quatre acteurs pendant plusieurs minutes qui se passent dans le silence & l'immobilité.

VIVE LE VIN:—VIVE L'AMOUR.

QUATRIEME FRAGMENT.

Le Comte, *au Chevalier, se levant brusquement.*

— Je connais trop la façon de penser de Mad. la Duchesse pour pouvoir douter que vous soyez un homme comme il faut : ainsi, Monsieur, nous n'aurons probablement ensemble qu'une explication très décente sur le hasard qui vous fait recueillir le fruit d'un rendez-vous donné pour moi. — Cependant, si, par malheur, je me trouvais encore plus lésé que je ne suppose l'être...

Le Chevalier, *avec fierté.*

Qu'en serait-il, Monsieur ?

Le Comte, *fièrement à son tour.*

C'est ce que je vous ferais savoir, Monsieur.

Le Chevalier, *se soulevant.*

Je n'aime pas à différer ces sortes d'éclaircissemens... (*Il s'échappe du lit, & suit nud,* le Comte, qui vient de passer dans la salle du bain, où sont aussi les habits du Chevalier.)

MAD. DURUT, leur courant après.

Holà, mes beaux champions : ce lieu n'est du tout celui des scènes tragiques.

LA DUCHESSE, accourant aussi.

— (à Durut.) Arrêtez-les, ma bonne amie. — Si j'ai quelqu'empire sur vous, Messieurs....

⹀ En même tems, Mad. Durut a fermé la piece à la clef. — Le Chevalier s'habille en grande hâte : Mad. Durut sert la Duchesse qui en fait autant, marquant par des mouvemens presque convulsifs, qu'elle éprouve quelque chose de bien pénible. ⹀

LE COMTE.

Quel est ce jeune homme, Mad. Durut ?

LA DUCHESSE, vivement.

Son neveu. (a)

LE COMTE,

(Feignant de se calmer, & d'un ton ironique.)

— Digne choix, en vérité ! — Je n'ai plus rien à dire. — (à Mad Durut.) — Ouvrez-moi.

―――――――――――――――

(a) Ce mensonge a pour but à la fois, & de vexer le Comte & de prévenir une affaire d'honneur.

Le Chevalier.

On vous trompe, Monsieur. Dans un moment je retourne à Paris, si vous n'avez rien de mieux à faire que de m'y suivre, nous pourrons causer en chemin & déterminer à quel point chacun de nous offense son rival.

Le Comte.

Je suis à vos ordres.

Mad. Durut.

Cela vous plaît à dire : vous êtes tous deux aux miens. — Mais, voyez-moi donc un peu ces mutins ? — Sachez, mes beaux Messieurs, que, toute taquinerie cessante, vous ne sortirez pas d'ici que je ne le veuille bien. — Oh ! vous êtes, en dépit de vos bouillans courages, tout-à-fait en mon pouvoir... —

= La Duchesse ne sort des mains de Mad. Durut que pour aller tomber pesamment dans une bergère où elle joue assez bien la défaillance. =

La Duchesse, *avec les mines convenables.*

— Je me sens mal... Durut ?... De l'eau de Cologne ?.... des sels ?.... de l'éther ?.... je n'en puis plus.... j'étouffe.... je me meurs....

= Elle est pour lors immobile, dans l'attitude la plus théâtrale ; l'œil fermé ; mais sans que les roses des joues & des lèvres ayent pâli de la moindre nuance. =

LE CHEVALIER, *aux pieds de la Duchesse.*
Oh ciel ! quel malheur !

MAD. DURUT, *assez calme & donnant du secours.*

— Là, là : ne vous désespérez point : cela n'aura pas de suites...

= En effet, à peine a-t-on mis du sel d'angleterre sous le nez de la Duchesse, qu'un long soupir annonce la clôture de son évanouissement. =

MAD. DURUT, *au Comte.*
Voilà pourtant, vilain homme, la belle besogne que vous êtes venu faire ici. — Que je déteste ces vaniteux ! — Tout irait si bien, si l'on voulait ne mettre que de la folie à ce qui est uniquement affaire de plaisir.

LE COMTE.
Vous verrez maintenant que c'est moi qui ai tort !

MAD. DURUT.
Assurément : & en tout point. — Vous vous êtes conduit en homme qui n'a pas le sens-commun. — Vous arrivez trop tard ; premier tort, d'autant plus inexcusable, qu'il est absolument volontaire ; vous vous montrez ici avec l'assurance & la brusquerie dont on blâmerait... même un mari ; second tort :
vous

vous nous rompez à tous en visière, plus grand tort; qui vous donne en même tems beaucoup de ridicule: la preuve en est à ce qu'il vous a été forcé de voir & d'endurer. Répondez à tout cela? — Eh morbleu, puisque vous aviez assez joliment passé votre tems là bas, que n'y restiez-vous! Célestine aurait bien eu la complaisance de vous y faire plus longtems compagnie.

LA DUCHESSE, *avec intérêt*.

Célestine!... Ils ont été ensemble?

MAD. DURUT.

Assurément: & de la meilleure intelligence encore.

LES MÊMES.

CÉLESTINE, *en dehors & frappant*.

— J'entends qu'on parle de moi, veut-on bien m'ouvrir?...

= Mad. Durut ouvre, & lui conte rapidement la querelle de ces Messieurs. =

CÉLESTINE, *gaîment*.

Fort bien: — (*Au Comte.*) — Voilà donc, petit perfide, comment je puis me fier à vos belles protestations! — (*Avec une menace ba-*

E

dine.) — Si j'étais babillarde, comme vous seriez grondé ! — Allons : la paix, mes bons amis. — (*Au Comte, en lui montrant le Chevalier.*) — Voyez donc comme il est joli ! — Vous auriez la barbarie de l'embrocher en face !

⹀ Les esprits sont déjà considérablement appaisés, la Duchesse & Mad. Durut sourient à l'épigrammatique plaisanterie de Célestine. ⹀

LA DUCHESSE, *au Comte, d'un ton piqué.*

— Il paraît, Monsieur, que nous ne sommes pas en reste l'un avec l'autre ?... — (*D'un ton moins sec.*) Que tout ceci finisse donc convenablement. — (*Elle lui tend la main.*) — Je vous pardonne l'aimable Célestine ; faites-vous de même une raison au sujet du charmant Chevalier ? — Touchez là.

LE COMTE, *obéissant.*

— Vous avez tant d'ascendant sur moi... qu'il faut bien en passer par ce que vous voulez : — Allons, Madame :... qu'il n'en soit plus parlé.

CELESTINE, *avec espièglerie.*

Oui dà ! — Cela est fort aisé à dire. Je ne prends pas, moi, la chose aussi indifféremment. J'avais fait une conquête ; on m'avait juré les plus belles choses du monde : il faut que mon compte se trouve à tout ceci. — Je déclare donc que je m'empare de Monsieur... (*du Chevalier*) sauf à le restituer à qui il appartiendra, lorsque je croirai m'être suffisamment vengée.

MAD. DURUT.

La matoise! tout en riant elle le fera comme elle dit; ou le diable m'emporte. — Oh! je la connais. — Mais, pensons enfin au solide : il faut dîner : qu'en pensez-vous, mes enfans?

LA DUCHESSE.

Je meurs d'appétit.

MAD. DURUT.

Eh bien, allons. — Nos jeunes braves vuideront leur querelle à table, & se battront à l'aise le verre à la main. — (*Elle prend, au Comte, une main.* — *A Alfonse.*) — La vôtre? approchez. — (*Le Chevalier approche.*) — (*Elle réunit leurs mains.*) — La paix? au nom du plaisir?

LE COMTE.

De tout mon cœur. — (*Ils s'embrassent.*)

MAD. DURUT.

Je ne demande pas à Mad. la Duchesse, si elle trouve bon que nous ne nous séparions point? si sa conversion est sincere...

LA DUCHESSE, *interrompant.*

Très-sincere, je te jure, ma chere Durut. — Il faut que Célestine & toi soyez des nôtres; je l'aurais exigé, si tu ne m'avais pas prévenue...

MAD. DURUT.

C'est parler cela. Allons: je commence à espérer qu'enfin on pourra faire quelque chose de vous. — (*Mad. Durut s'en va.*).

⸺ Peu d'instans après un des Joqueys, qu'on connaît déjà, vient annoncer qu'*on a servi*, & conduit les convives à une piece délicieuse. — Elle représente un bosquet dont le feuillage, peint de main de maître, se recourbe en coupole jusques vers une ouverture ménagée en haut, & d'où vient le jour; à travers une toile légèrement azurée qui complette l'illusion. On voit, sur ce fond transparent, l'extrémité des feuilles & quelques jets élancés se découper avec une vérité frappante. Tout autour de la piece, aux troncs des arbres, régulièrement espacés, on voit attachée une draperie blanche bordée de crepines d'or, qui est censée cacher tous les intervalles au-dessous du feuillage. Le bas est une balustrade du meilleur style, peinte en marbre blanc, & qui paraît se détacher. Le tapis est un gazon factice, parfaitement imité. ⸺ A peine s'est-on réuni dans cet agréable lieu qu'il y survient le dîner le plus sensuel. ⸺

LA DUCHESSE, LE COMTE, LE CHEVALIER, CELESTINE ET MADAME DURUT *sont à table & mangent.*

MAD. DURUT.

Vous ne paraissez pas penser à me remercier ! cependant vous avez l'étrenne de cette jolie salle, qui n'est achevée que depuis quelques jours, & où je n'ai permis à qui que ce fût d'entrer tandis qu'on y travaillait.

LE CHEVALIER.

On ne pouvait rien penser de plus agréable ; & l'exécution est parfaite.

LE COMTE.

L'Architecte a un peu écouté aux portes. Je connais la pareille salle, je dis absolument pareille, chez la Marquise de... (*a*)

―――――

(*a*) Le Comte a raison. — Cette salle existe en original chez une Dame fort célèbre, que les deux sexes déchirent également ; les femmes par hypocrisie, car elles ont son amour & lui prodiguent le leur ; les hommes par un sot amour-propre, car près d'elle ils sont rarement heureux. Mais qui peut juger sans passion cette Sapho moderne, ne peut s'empêcher de l'admirer & de l'aimer, & s'étonne de lui voir con-

E 3

MAD. DURUT, *interrompant.*

Je connais, je connais! Assurément vous pouvez connaître. — Une chose n'a-t-elle donc de prix qu'autant qu'elle est unique? — A boire? — Je passe ma vie à entendre d'insoutenables gens comparer, épiloguer, au lieu de jouir...

CELESTINE, *interrompant.*

Et ma bouillante sœur se fâche au lieu de manger! cela ne revient-il pas au même?

LA DUCHESSE.

Célestine a raison, & je suis enchantée, Durut, qu'elle vous ai prise sur le fait. — Savez-vous que vous devenez d'une humeur....

MAD. DURUT, *avec surprise.*

Et vous aussi! — A votre tour, Messieurs? Grondez-moi. — J'ai donc de l'humeur? Eh bien, il faut la noyer dans le bourgogne. — (*Elle s'en fait donner une bouteille & se verse razade.*) A vos santés..

LE COMTE.

J'aime mieux cela que de la morale. (*On boit à la ronde.*)

---

cilier, de la manière la plus naturelle, les goûts & les habitudes de la femme à la fois la plus légere & la plus réfléchie, la plus frivole & la plus essentielle; la plus capricieuse en fait de plaisirs, & la plus invariable en fait de sentimens.

═ Ils mangent tous du meilleur appétit & boivent à proportion. —— Avec le second service on a apporté des vins délicieux. Les entremets sont *ingrédientés* de manière à ne pas permettre que de tels convives conservent longtems leur sang-froid & demeurent à table sans s'agacer. —— Quoique le Chevalier ait fait passablement des siennes, il se sent déjà des velléités pour cette friponne de Célestine, dont il est voisin, & qui joue avec lui de la prunelle à faire sauter le bouchon. —— La vue de plus de moitié de ses merveilleux tetons, (qu'elle découvre, sous prétexte d'y pourchasser un peu de pain qui la blesse) acheve de mettre en rut l'inflammable jouvenceau. —— Cependant il s'observe assez bien pour ne pas se mettre dans le cas d'offenser la Duchesse qui le guète du coin de l'œil. —— De son côté, le Comte croit *de son honneur* qu'avant qu'on se quitte, la Duchesse ait fait aussi quelque chose pour lui. —— Durut, qui ne perd rien de tout ce manège, rit sous cappe, & déjà se doute de tout ce qui suivra. —— A dessert, les gens renvoyés, la conversation s'anime par dégrés & devient des plus polissonnes: En voici un léger échantillon. ═

MAD. DURUT.

A propos, Mad. la Duchesse? Il y a longtems que vous n'êtes venue par ici avec ce grand lévrier.... cet étranger si blond, si pomponé !...

LA DUCHESSE.

Elle me divertit avec son lévrier. — C'est justement un Danois. — L'opéra me l'a enlevé...

CELESTINE.

L'opéra ne vous a pas enlevé grand'chose. Cet homme est bien le plus glacial *bande-à-l'aise !* — (*gaîment*) Nous sommes tous garçons ici ?

LA DUCHESSE, *souriant.*

Il a donc l'avantage de vous connaître ?

CELESTINE.

Ah ! ne m'en parlez pas. J'eus un jour (je ne sais par quel caprice *d'avoir* quelqu'un d'encore plus blond que moi) le malheur de m'aventurer avec ce beau Monsieur : cela fut d'un *nul !* — Il est vrai qu'il resta sur le champ de bataille un diamant : les diamants sont fort intéressants ; mais vivent les gens qui savent les faire gagner.

LA DUCHESSE, *sentant une atteinte.*

Comte ? J'ai des cors, je vous en avertis. (*Elle sourit.*)

MAD. DURUT.

Oh ! je le reconnais au *langage des pieds.* — Chez moi, certain soir qu'il s'agissait d'enivrer un Provincial & de lui souffler sa jolie femme, ne voilà-t-il pas mon mal-adroit qui, à table, en face du couple, se trompe &, croyant faire une gentillesse à Madame, vous appuye amoureusement un pied sur l'orteil goûteux du pauvre mari ! Celui-ci de jetter le cri de quelqu'un qu'on mettrait à la broche & de retirer les jambes si promptement, si fort & si haut, qu'il soulève la table & renverse tout ce qui la couvrait ! — Figurez-vous le baccanal, le tracas ; la consternation d'une femme peu faite alors à de pareils événemens !... Il est vrai que, depuis, nous en avons fait une rude *lame*. — Comte ? vous pouvez certifier ce que j'en dis.

LE COMTE, *froidement*.

Qu'en faites-vous ?

MAD. DURUT.

C'est *du verreux* maintenant. — Elle vient encore de tems en tems dans ma maison de Paris, pour les moines.

LA DUCHESSE.

Fi !

LE COMTE.

Quant à moi, je l'ai totalement perdue de vue, il y a bien six mois, depuis qu'elle m'a débauché mon valet-de-chambre.

CELESTINE.

Ce fut sans doute pour vous un grand *creve-cœur*, que de perdre ainsi deux maîtresses à la fois ?

Mad. Durut.

Pourquoi ne pas dire trois! car la Dame ne se faisait pas beaucoup prier pour faire le thème en deux façons?

Le Comte.

De la méchanceté! — Il est assez plaisant qu'on fronde ici ces sortes de caprices, tandis qu'on veut bien les laisser en paix dans la société! — Vous voilà trois femmes: laquelle de vous osera jurer de n'avoir jamais varié la manière de faire des heureux?

Celestine.

M. le Comte voudrait nous confesser apparemment? Quant à moi, je ne suis pas pressée de m'accuser de péchés, dont il est très possible que je n'aye aucun repentir. (*avec espièglerie*) *Pends-toi, brave Crillon...* (a)

Mad. Durut.

Pour moi, je pose en fait qu'il n'y a que les sots qui se privent d'user de tous leurs moyens. Je dis, hommes & femmes. — Avis à l'auditeur, beau Chevalier, qui semblez être à mille lieues de nous; si j'étais un aussi joli-garçon que vous, je ne me contenterais pas de tourner la tête aux femmes, je voudrais

---

(*a*) C'est ainsi que Célestine trahit son goût bisarre, & fait sentir au Comte qu'il a perdu, le matin, une belle occasion.

m'amuser encore à me faire lancer par tous les Villettes du Royaume. — Il en vient ici à qui ce chien de museau-là ferait faire, ma foi, de belles extravagances ! — Notre fortune serait faite à tous deux.

La Duchesse.

Taisez-vous, Durut. Voyez comme vous embarrassez ce pauvre enfant !

Mad. Durut.

Lui ! — pas tant que vous l'imaginez, Madame. Priez-le de vous conter ses petites facéties d'écolier... Il y a passé, je vous jure.

Le Chevalier, *avec grace.*

Voilà qui est très mal de ta part, ma chère Durut : & tu justifies le proverbe qui dit, qu'on *n'est jamais trahi que par ses proches.*

Celestine.

Comment ? on te l'a *mis*, mon cher petit Chevalier ! si j'avais l'honneur d'être garçon, je donnerais beaucoup pour avoir la même joie.

Le Chevalier, *l'embrasse & lui dit à l'oreille.*

Si des hommes pouvaient ressembler à la magique Célestine, je voudrais être la catin de tous les B....... de l'univers. — *Elle lui rend son baiser avec transport, & risque à la faveur de la table, de lui faire, plus bas, une visite d'amitié.* — *En même tems, la Duchesse sent une main du Comte qui se faufile à travers l'ouverture des poches..*

LA DUCHESSE.

Mais, mon cher Comte! Que voulez-vous donc me voler? — Les mains sur la table, s'il vous plait?

MAD. DURUT, *avec malice.*

Eh bien?... Céleſtine? Chevalier? l'ordre eſt pour tout le monde. A quoi diable vous amuſez-vous donc là?

CELESTINE, *riant.*

Voyez, quelle tracaſſerie! on ne peut donc, ſans ſcandale, manier un peu les *breloques du monde!*

MAD. DURUT,

(*Se levant bruſquement & détournant la nappe.*) — Sacrebleu! quelles breloques! c'eſt bien auſſi la montre, ma foi.

CELESTINE,

(*ainſi priſe ſur le fait, & donnant au charmant Boute-joye un petit coup badin.*) — Au revoir donc. — (*à la ſociété.*) — Puiſqu'il faut reprendre le fil de la converſation, où en eſt-on? — (*Moment de ſilence.*) — Vous voyez, ma sœur, qu'on ne dit mot? c'était bien la peine de nous déranger!...

LA DUCHESSE.

J'aime Céleſtine à la folie. Si j'étais là, je l'embraſſerais à cauſe de ſa ſincérité.

CELESTINE, *accourant.*

Ah! je viendrais de bien plus loin pour recueillir une faveur ſi douce. — (*Elles s'em-*

braffent vivement : le Chevalier a fuivi fans trop favoir pourquoi.) —

LA DUCHESSE.

Eh bien ? vous voilà ?

LE CHEVALIER.

C'était pour obferver de plus près la chofe du monde la plus intéreffante, & que j'aime le mieux voir : deux jolies femmes fe faifant des careffes.

LA DUCHESSE, *fans humeur.*

Petit Roué ! tu venais tout bonnement à la pifte de Céleftine. Va : tu ne vaux pas les bons fentimens qu'on pourrait avoir la folie de prendre pour toi…. — Il me prend auffi fantaifie maintenant de confoler ce pauvre Comte, avec qui j'ai bien quelque petit tort.

MAD. DURUT.

Quant à moi, j'aurais tort de ne pas vuider cette bouteille : elle eft digne de la bouche des Dieux ! — (*Elle boit*)......

═ Ce qu'a dit la Duchesse n'avait pour but que de piquer un peu le Chevalier : mais le Comte l'a pris au pied de la lettre. — En conféquence, profitant de ce que la Duchesse s'eft levée pour embraffer Céleftine, il s'eft gliffé à la place de la première, &, méditant de la recevoir fur lui quand elle voudrait fe raffeoir, il difpofe tout fi bien qu'en effet il fe trouve qu'elle retombe à *crud* fur quelque chose qui surprend toujours agréablement les Dames. Pour peu qu'un homme soit adroit en pareil cas, il est au but avant qu'on ait eu le tems de soupçonner son dessein... Bref: la Duchesse est enfilée, à cheval sur le Comte & lui tournant le dos. — Au même instant, cette coquette de Célestine qui se proposait de faire au Comte en passant quelqu'amitié, s'incline pour lui donner un baiser, qu'il reçoit en se penchant un peu sur la gauche derrière la Duchesse. — L'égrillard de Chevalier profite de la posture de Célestine pour lui jetter ses jupons par dessus les hanches, &, sans dire gare, il lui plante vigoureusement ce dont tout-à-l'heure elle venait de s'amuser. — La formation de cet assemblage est telle que les célestes figures de la Duchesse & du Chevalier se trouvent fort à portée l'une de l'autre. — En dépit de la double infidélité, l'aimant du plaisir les attire; leurs bouches s'unissent; leurs langues s'enlacent; ils se baisent & se sucent avec fureur. Ainsi, chacun des quatre acteurs se partage presqu'également: la volupté circule; le plaisir que la Duchesse doit au Comte, elle le communique au Chevalier, qui le rend à Célestine, qui le ramene enfin à sa première source. — Mad. Durut est enchantée: elle boit un grand coup *à la santé de la quadruple alliance*; puis elle vient, le plus près qu'elle peut, examiner en tout sens cet intéressant *impromptu*. Elle s'assied enfin tout contre le Chevalier, dont elle caresse, d'une main, les *dépendances*, tandis que, de l'autre, elle se donne une électrique & très active commotion. — Bientôt on n'entend plus que soupirs, sanglots, petits mots charmants qui perdent tout à être répétés ; gros mots de Mad. Durut possédée d'une double ivresse, & qui ne se pique pas, comme on sait, de rafinement. —

On se décompose enfin : on reprend des forces dans les flacons, on babille avec ce délire d'heureuse folie qu'aucun récit ne peut fixer. — Un excellent caffé, suivi des liqueurs les plus consommées termine ce voluptueux dîner. —

Le Comte très pressé (ou qui feint de l'être) d'assister à l'auguste Pétaudière, part tout de suite dans son rapide cabriolet. La Duchesse reste : l'adroite & complaisante Célestine prête son ministère pour la mettre en état de paraître au spectacle. Le Chevalier, dont on a renvoyé les chevaux, & qui n'a rien de mieux à faire que de se reposer, suit aux Italiens son équivoque conquête, qui l'enleve dans un *vis-à-vis* d'une élégance achevée, attelé de deux anglais sans prix pour la vîtesse & la beauté. =

Fin du premier Numero.

ERRATA.

Page 12. ligne 3. ont furfi, *lifez*, fuffi.
Page 21. ligne 1. & une autre, *lifez* un.
Page 27. ligne 15. de Palais, *lifez* du.
Page 59. première ligne de la note, après équivoque, *supprimez* du.

www.ingramcontent.com/pod-product-compliance
Lightning Source LLC
LaVergne TN
LVHW050616090426
835512LV00008B/1510